कर्कशा

कड़वाहट में घुली चाशनी ।

अणिमा पुष्कर

BookLeaf Publishing
India | USA | UK

Made with ❤ on the BookLeaf Publishing Platform
www.bookleafpub.in
www.bookleafpub.com

Dedication

मै धन्यवाद करना चाहूंगी अपने माता-पिता और भाई-बहनों को जिन्होंने मुझमें विश्वास बनाए रखा , मुझे प्रोत्साहित करते रहे जब भी मैंने ख़ुद को निराश पाया । आपकी प्रेरणा ने मुझे इस मुकाम पर पहुंचाया है कि मै इस काबिल बन सकूं।
यह कविता आप सभी को समर्पित है ।

धन्यवाद ।

Preface

कविता को लिखना मेरे सपने जैसा है । कई उम्मीद और कई ऐसी अनकही बाते जो मै कहना चाहती थी उसे इन पन्नों में उकेरना मेरा सपना था । आज वही साकार करने आई हूँ ।
जाने कब स्कूल मे पढ़ी कविताएं मन में घर करने लग गई पता नही चल सका , शब्द बहुत प्रिय लगने लगे । मन मे जब कभी सवाल समाज को लेकर उठे हो या परिस्थिति को समझते कविताएँ मन मे उमड़ने लग जाती । मन को टाल - मटोल कर समझाती रही की अभी वक्त नहीं है । पर मुझे लगता है अभि वक्त है इन्हे जग जाहिर करूँ । आशा है आप सभी को मेरी कविता पसंद आएगी और कही न कहीं आप सभी सहमत होंगे ।

अणिमा पुष्कर
01.12.2025

Acknowledgements

मै अपना आभार प्रकट करना चाहती हू उन सभी का जिन्होंने मुझे हौसला दिया और प्रेरित करते रहे जीवन मे कुछ नया करने के प्रति । उन सभी जाने - अनजाने व्यक्तित्व का जिनकी छवि , जिनकी आभा नो मुझे प्रज्वलित किया है ।
आप सभी का आभार ।

धन्यवाद ।

1. हिसाब

हर हिसाब की किताब है,
हर किताब का हिसाब है।
पालने से लेकर कफ़न तक का हिसाब है।
शरीर भी आत्मा की नहीं,
ये तो आग का लिबास है।

कुछ मुहरों की खातिर,
बनते रिश्तेदार है।
फकीर का यहां कोई नहीं,
कहते है ये रिश्ता बेमिज़ाज़ है।

दौलतों से तोली जाती है रिश्तेदारी,
न हो तो कहते ये शख्स बेकार है।
दफ्न हर सवाल है,
की दिल में अब बस मलाल है।

शरीर तो बस चार कंधो की मोहताज है।
दफन होने तक, आपका समाज है।

2. सीता

हर उस सीता का धरती मे समा जाना तय है,
क्युकी उसे यह भय है,
कि इस कलयुग के राम की दि गई अग्नि परिक्षा मे भी वो असफल है
।
वनवास और विश्वास का साथ देकर भी तू अगर अप्रबल है,
इस रामराज्य के झूठे आडम्बर में तेरी विनती की पुकार भी विफल है
।

सीता के अभिमान को जो तार - तार कर गये,
हे राम तेरी निष्ठुरता का हि प्रमाण है और ये विलय है ।
पवित्र होकर भी अपवित्र होने सा अपमान सहना पड़े,
तो हे सीता तेरा धरती में समा जाना ही अटल निश्चय है ।

सुनो राम सीता की ये चित्कार,
जो इस नभ का शोर और प्रलय है ।
भू से निकली प्रचंड आग की लपटें,
सीता की पवित्रता का परिचय है ।

3. माँ मैंने तुमको देखा ।

माँ मैंने बस तुमको सोचा,
माँ मैंने तुमको पाया,
तुम क्यों नहीं खुल कर हसती,
तुम क्यों नही बस अपनी सुनती
तुम बस क्यों नहीं खुद को चुनती ।

क्यों ये प्यार बेशुमार है,
खुद को छोड़ पहले दूसरो की सुनती ।

क्या हक नहीं तुम्हारा तुम पे,
क्या पद नही तुम्हारा इस घर पे ।

क्यों कैद किया है तुमने खुद को,
उड़ने दो ना इस मन को ।
कभी तो दिल खोलो अपनी,
कभी तो मन की बात बोलो ना अपनी ।

क्यों त्याग की परीक्षा देना तुम्हें ही अनिवार्य है,
क्या तुमसे जुड़े अपनो को यह स्विकार्य है ।
तुम्हारे बिना सब शून्य और अंधकार है,
माँ तुम हो तो ही यह संसार है ।

माँ सब हो तुम मेरी,
मेरे आत्मविश्वास से भी सर्वोपरि ॥

4. आडम्बर

वो कहता की सर्वस्व समाये बैठा है,
भगवा की धारण कर खुद को भगवान बनाए बैठा है ।

वो कहता की तुम आस लगाए बैठो,
हम प्रयास लगाए बैठे हैं ।

तुमसे तुम्हारा अधिकार वरण कर लें,
यह कयास लगाए बैठा है ।

वर्ण विच्छेद कर खुद का सम्राज्य बनाए बैठा है,
तुम निव समझ कर बैठे हो, वो खुद को शिखर बनाए बैठा है।

ये विश्वगुर का आडम्बर,
और वो खुद को धृतराष्ट्र बनाए बैठा है ।

तुम भक्त बन बैठो,
वो मायाजाल बिछाए बैठा है।

तुम दायित्व दिए बैठे हो,
वो तानाशाहि का आवेग समाए बैठा है।

5. बिहार की बहार

बिहार की वो बहार,
जिसके शून्य से तुम अलन्कृत हो,
जिसकी शिक्षा से सुशोभित हो,
जिसकी गुरुवाणी से विभोरित हो,
जिसकी शांति स्तूप से बोधित हो,
जिसकी अर्थव्यवस्था से व्यवस्थित हो,
जिसके संस्कार से सुसंस्कृत हो,
जिसके सम्राज्य से विश्व मे पदस्थापित हो,
उस बिहार का अस्तित्व क्या समझाऊँ तुम्हें,
जिसपे पूरा विश्व ही समर्पित हो ।

आर्यभट्ट की गणित क्या बताऊँ तुम्हें,
चाणक्य की अर्थनिति क्या समझाऊँ तुम्हें,
गुरु गोविंद की गुरुवाणि क्या सुनाऊँ तुम्हें,
बुद्ध की बोधित्व क्या सिखाऊँ तुम्हें,
अशोक का साम्राज्य भी क्या दिखलाऊँ तुम्हें,
नालन्दा की शिक्षा दिक्षा भी क्या दिलाऊँ तुम्हें,
सीता की पावन धरती का चित्रण भी कराऊँ तुम्हें,
दिनकर की काव्य उल्लेख भी कराऊँ तुम्हें,
राजेन्द्र प्रसाद की राजनैतिकता भी क्या सिखलाऊँ तुम्हें,

भारतवर्ष से उत्पन्न हुआ बिहार वो बहार है ।

6. फिर एक बार

तुम दर्द में थे , तुमने बताया क्युं नहीं ।
बहना बहना कह कर हक जताते थे, फिर समझाया क्युं नहीं।

एक बार तो कहते ,
रक्षा का धागा सिर्फ मेरे हित में नहीं बाँधा था मैंने ,
रक्षा तुम्हारी भी कर सकूँ इतना विश्वास पाया था मैंने ।

जब तुम्हें डर था मुझे कोई खरोच भी ना आ सके,
क्या मै इतनी पराई हो गई कि,
खुद की तकलीफों को मुझ तक पहुंचाया भी ना तुमने ।

आखिरी शब्द तुम्हारे, आज मेरे हृदय को चीर रहे हैं,
जीवन निरर्थक लग रहा है,
यह हृदय की पीड़ा और अन्तर्मन चीख चीख कर कह रहें हैं।

वापस आ जाओ पास मेरे,
फिर बचपन जी लूँ साथ तेरे।

7. ईमानदारी

ईमानदारी की भी क्या हिसाब लगी है,
दिखे तो पास से सभी अपने, पर दूर से देखो तो मृगतृष्णा से।

हम अपनो मे अपनी जैसी गहराईयां ढूँढ़ते रहे,
और वो कहीं गैरो मे मेरी परछाईयाँ ।

मन के दर्पण से देखी है ये दुनिया ,
ढूँढा चिराग लेकर तो कई बेशुमार मिले ।
कई परत के मुखौटे लेकर लोग कई बार मिले

एक हीं तराजू में तोले जाते हैं,
कुछ जाली कुछ खोटे सिक्के ।
असल मुहरें तो जा संदूक में छिपे,
बदले मे ताँबे- पितल भी हैं क्या खूब बिके ।

मंद-मंद बद देखती रही ये दुनिया,
कागज के भी अब क्या नाव चल पड़ें ।

8. किस्मत

फिर शाम ढली, और एक नाकामयाबी है हाथ लगी।
उस दिन का इन्तजार किए की कब वो मुकाम मिले ,
पता नहीं कितने ही मेरे अरमान जले ।

चल सकती हूँ, सब सच कर सकती हूं ।
पर कब अन्दर ये गुबार फटे, यही सोच के सिसक पड़ती हूं ।

बहुत चोटे खाई हैं,
फिर भी देखो कैसी शामत आई है,
सब्र का लिबास ओढ़े, बड़े कौतूहल में आँखें भर आईं हैं।

तर्क क्या मर्ज क्या,
सब बेबाक से लगते हैं ।
पाक-साफ होकर भी, दर्दर भटक रही हूं ।
कफन में लिपट सोच रही हूं, शौक है क्या जो दर्द सब समेट रही हूं ।

इन्तजार बेसब्र हो रहें,
कि कब किस्मत मेरी चौखट पे आ टूट पड़े,
कि खुद को बहुत जख्म दे चुकी हूं,
कीमत अपनी दफन कर चुकी हूं।

9. गाँव

शहर से कुछ दूर ही तो मेरा गांव था ।
चैत की गर्माई सी दोपहरी में वहीं मेरा छांव था।

माना हम शहर में धमाचौकड़ी कर पाते थे,
पर वो एहसास कहां जब शहर की जेल से छूट गांव की ठंडी हवा खा पाते थें।
क्या था गांव में,
जो शहर में नहीं ।

कई थे अपने गांव में,
दर किसी के घर की रोटी खाई,
हर किसी की बतकही में शहनाई ।

कभी नहर में छलांग लगाई,
कभी पुआल की पहाड़ चढ़ आई,
खेतो की पगडंडियो की सैर भी कर आई ।

अलसाई सी रातो में टिमटिमाते तारों के नीचे सो आई,
और हर सुबह की सूरज की लाली सी मुस्काई ।

सन्नाटे को चीरती ट्रेन की सीटी किसी लोरी सी लगती थी,
झिंगुर की बाते भी किसी नानी की कहानियो सी कम नही होती थी ।

गांव की मिट्टी में सनी आजाद सी फिरती थी,
उसकी सौंधी खुशबू कीसी इतर से कम नहीं होती थी।

10. हां ये लड़किया हैं ।

हां ये लड़कियां हैं साहब ।

जो जनाजे में रुखसत होती हैं,
आग में झोंकी जाती हैं,
कफन हर वक्त सर पर बांधे रखती हैं,
सरेआम हलाल की जाती हैं ।

हां ये लड़कियां हैं साहब ।

रुखसती तो फितरत है इनकी,
ये तो वो सामान है जो सरेआम बीक जाती हैं,
नुमाईश की चीज ही तो हैं,
इसलिए इनकी आत्मा भी छली जाती है,
और जिल्लत भी पी जाती हैं ।

हां ये लड़कियां हैं साहब ।

घर की नींव से लेकर वंश तक बढ़ाती हैं,
फिर भी नाकारी सी दुनिया में सफल कहां कहलाती हैं ।
तलवार की मयान से चन्द्रयान तक का सफर भी तय कर पाती हैं,
पर गिद्धों की नजरों से कहां महफूज रह पाती हैं ।

हां ये लड़कियां हैं साहब ।

शोषित होकर भी सबको शोभित कर जाती हैं,
द्रोपदी सा अपमान सह कर भी, अचम्भित कर जाती हैं,
सीता सी पावन होकर भी कलंकित कि जाती हैं,
समृद्ध होकर भी असमृद्ध होन का तिलक माथे पर सजाती हैं ।

हां ये लड़कियां हैं साहब ।

11. घर

माना घर छोटा था पर यादें बड़ी थीं ।
हर एक कमरे से मेरी यादे जुड़ थीं ।

गुनगुनाता रेडियो जब अलार्म हुआ करती थी,
कहीं दूर मन्दिर से बजते भजन हर मर्ज की दवा हुआ करती थी ।
पापा की पुरानी साईकल से हम खेल खेला करते थे,
उनकी छोटी सी लाईब्रेरी के हर पन्ने पढ़ा करते थे ।

मां की व्यस्तता को देख समझ आता उनपे कितना बोझ है,
किचन से गेस्ट रूम और सिढियों से छत तक का सफर बहुत है।
एक छोटा सा आंगन और लोग बड़े थे,
हर किसी के किस्से कहानियों से भरे पड़े थे ।

बहुत देर लगाई मैंने दादा-दादी को समझने में,
जब समझ आई तब देर हो चुकी थी उन आंखों को पढ़ने में ।
नोटो मे नहीं दादी की दी गई सिक्को की खनक की खुशी थी,
दादा के संग गए मेलो में खुल के हसी थी ।

रामायण-महाभारत जैसे डेली सोप्स के लिए ड्राईंग रूम
ऑडिटोरियम बनी थी,
हर सदस्य की आंखे बस एक छोटी सी टीवी में समी थी ।
तब बच्चों के चुहलबाजियों का दौर चला करता था,
अचानक पापा के स्कूटर के हॉर्न से सबकी नज़र किताबों में अड़ी थी
।

पड़ोस की हर चर्चा में गर्मजोशी बड़ी थी,
हर शाम इकट्ठे होकर बात करना तब सरदर्दी नहीं थी ।

छत से झांकता वो सेमल का पेड़,
होली में खेले गुब्बारो का खेल,
घर के बाहर खड़ा पुराना स्कूटर,
दोपहरी में पढ़ने बैठे बच्चे और हमारा ट्यूटर ।

वर्तमान से धकेल घर की झलक दिखा जाते हैं,
घर के हर किरदार बता जातें हैं,
घर छोड़ना भविष्य का विषय था,
पर अब यह दौर नहीं आएगा कब सोचा था।

12. बेफिक्रि

बेफिक्रि लिए कभी निकल पड़ूंगी उस ओर,
जहां तिनके भर का भी ना हो शोर ।
बादल की छांव और वहीं कहीं किनारे अपना एक छोर।

पीछे छोड़ आऊंगी,
उमड़ती हुई मैं और मेरी हीं बातें,
विवाद में पड़ी होंगी मेरे पीछे मेरी यादें ।

बड़ी तसल्ली से भर भर के आसमान आंखो में सजाऊंगी,
हर शाम बड़े शिद्दत से तारों सी चमक लाऊंगी।
खुद से लड़ बैठूंगी,
फिर प्यार से खुद को ही समझा लूंगी ।

वक्त के कांटो की टीक- टीक छोड़ बेपरवाही से सो जाऊंगी,
इन्तजार कोई करता ना होगा ये सोच हर गली-कूंचे घूम आऊंगी ।
कंधों के बोझ झटक अपनी उड़ान भर पाऊंगी,
जिम्मेदारी से सने हाथ बहती नदियों से धों जाऊंगी ।

आजादी की जशन जैसा हर दिन बिताऊंगी,
सिर्फ अपनी शर्तों की हो दुनिया ऐसी दुनिया बनाऊंगी ।

थक कर अब चूर हूं,
थोड़ी निष्ठुर हूं ।

अब और कलम की नीव से कागज का दिल न चीर पाऊंगी,
ना अपनी बेरंगत दिनचर्या की गाड़ी खिंच पाऊँगी ।
दिमाग की चाटुकरता अब नहीं कर पाऊंगी ।
वक्त बस मेरा हो, सब्र कहीं ठहरा हो, ऐसी तकदीर बनाऊंगी ।

थक चुकी हूं सबकी सुनके,
अब खुद की सुनूंगी और बेफिक्री के गीत गुनगुनाऊंगी ।

13. हथकरघे सी जींदगी ।

जिंदगी के चरखे पर जो सूत कात रहे हो,
कुछ बिखरे धागे हाथों में लिए क्यों उन्हें जाँच रहे हो ?
धागे कच्चे हैं या कमजोर क्या यही भांप रहे हो।

हर एक सिरा कुछ कहता है,
कितनी कठिनाईयों से बुनता है।

रेशों से बनी ये कहानी है,
इसे तुमने ही सुनानी है।

बेशक तुमने रेशा-रेशा जुड़ते देखा है,
कभी तुमने अपनी शख्सियत को अन्तर्मन से देखा है ।
हां टूटे होगे, बिखरे होगे,
किसने कहा कि तुम नहीं फिसले होगे ।

बन्धनो में कहीं उलझे होगे,
खुद में कहीं सिमटे होगे ।

फिर हिम्मत बहुत जुटाई होगी,
किश्तों में सब समेटा होगा।
स्वाभिमान को खुद से लपेटा होगा,
अपनी आत्मा को भी सहेजा होगा।

हथकरघे सा बल देकर तुमने ही तो जीवन की पोशाक बनाई है ,

जब हाथ छीले और चोट लगी तुमने खुद को मरहम लगाई है।
सिरे जोड़े, मुट्ठी जकड़ी और फिर क्या जिंदगी पर पकड़ बनाई है,
आहिस्ता-आहिस्ता तुमने क्या रफ़्तार दिखाई है।

14. असामाजिक

असामाजिक से लगते हैं लोग भले,
सामाजिक से दिखते है लोग जिनमें कुकर्म भरे।

सफेद कुर्तों में मैंने देखें हैं, अनैतिक लोग बड़े ।
पारदर्शिता की बात करो तो हो जाते हैं दूर खड़े ।
मूक- बधीर सी भीड़ पड़ी है ।
सच्चे सवालों की मीथ लगी है।

मैंने सोचा इनका साम्राज्य बड़ा है।
पर निचली सतह से देखा तो पाया इनपे शवों का टेक लगा है।
हर दिन खून से सने दस्ताने इनके बदले जातें हैं ।
कई गरीब इनके जूतों के नीचे कुचले जाते हैं ।

खबरों में सूरत इनकी चमकाई जाती है।
शराफत और नैतिकता से इनकी सीरत की लीपा पोती भी करवाई जाती है।

इश्तेहार पढ़ो की इनके कारनामे जान पाओगे ।
अगर विद्रोही किया तो यादों में छप जाओगे ।
चुना है तुमने तो खद्दर की चादर भी तुम ही पहनाओगे ।
लाख पड़े हों जिसके ऐब सीने में, जीत की जयमाला तुम उसे हीं पहनाओगे।

गुनाहगार से बड़ा गुनाह क्या है ये तो तुम ही बतलाओगे ।

जब शिश नवाओगे क्या तुम गुनाहगार नहीं कहलाओगे ।
असामाजिक तुम भी कहलाओगे ।
जब समाज को खूनी हांथो में बेच आओगे ।

नैतिकता और अनैतिकता का जो भेद भी ना समझ पाते हों।
उनसे सुशासन की उम्मीद कैसे रख पाते हो।

15. खामोशी

मेरी चुप्पी तुम्हारी खामोशी,
ये तो सन्नाटे में कोई शोर सा लगता है,
जो हवा को चीरता हुआ ताबड़तोड़ लगता है।

हर दीवार से टकराती है तेरी खामोशी,
जो मेरे बन्द कानो को झकझोर देता है ।

मेरी चुप्पी तुम्हारी खामोशी,
ये तो सन्नाटे में कोई शोर सा लगता है ।

सवालों से घीरी मै, क्या कोई जवाब बन सकता है,
अंधेरों से टकरा रही क्या रोशनदान मिल सकता है ।
रण मे अकेली खड़ी हूँ, क्या कोई सार्थी भी बन सकता है ।

सफेद पन्नो पर सनी स्याही कुछ कह रही है,
मुकदर्शक बनी कलम बस चौंक रही है ।

मेरी चुप्पी तुम्हारी खामोशी,
ये तो सन्नाटे में को शोर सा लगता है ।

उपहास सिर्फ पन्नो की नही जिसने रंग का तंज सहा है,
उस कलम का है दोष जिसने शब्दों को तोड़ रखा है ।

अब तो बोल पड़ो,

द्रोपदी का हो रहा है चीर हरण कुछ तो क्रोध करो ।
गदाधारी भीम अपनी गदा निकालो और दुश्शासन की जंघा तोड़ पड़ो
।

मेरी चुप्पी तुम्हारी खामोशी,
ये तो सन्नाटे में कोई शोर सा लगता है।

16. पलायन

गांव में पलायन का दौर था,
हर कोई शहर को दौड़ रहा था।

अब मिट्टी से मिली उपज उन्हें फिकी लग रही थी ।
शहर की मंहगी चाय-बिस्किट उन्हें फब रही थी।

अब कौन बसे गांव में वही फसल उगाने,
निकल पड़े हैं लोग चार पैसे कमाने ।

छप्पर से सूरज झांक रहा था,
तकदीर भी पाठशाला की मुह ताक रहा था।

कई बरस बीते इस इन्तजार में,
गांव की सुरत बदल जाएगी अबकी बार में ।

खेत ज्यों मुरझाए पड़े हैं ।
वक्त की मार से किसान अलसाए पड़े हैं।

जोड़-जोड़ जमापूंजी सब झोंक चुके हैं ।
जमाई गुल्लक भी तोड़ चुकें हैं ।

फटेहाली अब तक छीन चुकी थी सब ।
बंजर धरती दया भाव से मन टटोल रही थी तब ।

उम्मीदों की बड़ी पोटली,
और कपड़े मटमैली ।
कच्चे रस्तो से रिश्ता मोड़ चुके थे ।
पक्की सड़को से रिश्ता जोड़ रहे थें।

फिर इक दिन इश्तेहारो में खबर जोर से चल पड़ी,
शहरी बाबू बोल रहे हैं,
क्यूं गांव वाले आधुनिकता की होड़ में लगे हैं।

अचानक शहर-शहर हड़कम्प मची है,
सड़को पे झुग्गियों की रेल बीछी है।

भेदभाव का तमाशा चरम पर है।
फिर से गांव की टोली धर्मसंकट में है।

17. विवादित

मैं विवाद से भरी शब्दकोष हूं ।
कर्कष शब्दो सी गर्मजोश हूं।

सामाजिक मुखौटो से मेरी अलग टोली है।
कहते सुना है लोगों को ये बड़बोली है ।

कड़क सवाल और सरल मिजाज लिये बोलती हूं।
मगर लोग कहते हैं सहज शब्दों में मै जहर घोलती हूं।

ऐसा नहीं कि बैर है मुझे लोगों से।
तकलीफ है बनावटी मुस्कान भरी शक्लो से।

पारदर्शी कहां है अब लोग भला ।
चालाकी से भरी है हर एक की कला ।

अब योग्यता कहाँ सच्चाई मे दिखी है।
कलाकारो ने भी कलाकारी इन से सिखी है।

मेरे तो शब्द खरे हैं ।
पता नहीं लोगो के क्युं कान खड़े हैं ।

मै तो अविरल धारा हूं ।
कानो को पीछला दूं वो पारा हूं।

भभकती शब्दो की आग है।
नियत का करती पर्दाफाश है।

18. रास्ते

रास्ते मुड़ रहें हैं ।

तुम जहां थे वहीं थम जाओगे,
हम जहां थे वहीं थम जाएंगे ।

वापसी हो रही है उन सभी लम्हों की,
जो हम साथ चुन लाएं थे ।

फिर एक शहर छोड़ आएं हैं।
सारे रिश्ते वहीं छोड़ आएं हैं ।

बंजारो की तरह शहर दर शहर घूम आएं हैं ।
खानाबदोशी में हर रास्ता भूल आएं हैं ।

आदत नहीं थी अनजाने लोगो से मिलने की।
हालातो के मारे अपना घर-बार भूल आएं हैं ।

तरक्की की सिढ़ी ने न जाने कैसा लोभ दिया है।
जंजालों सा खुद पे बोझ लिया है।

चैन कि सिसकी भी मंहगी लगती है।
थक के चूर होना भी बंदिश सी लगती है ।

हर बेफिक्र से इंसान में खुद की तलाश है।

बिखर न जाऊँ बस यही प्रयास है।

हर शहर की तस्वीर कुछ सीखा जाती है।
मुझे मेरी परछाई से मिलवाती है।

हर दिन एक मोहलत सी होती है।
किस्मत से जैसी टक्कर सी होती है ।

इसलिए हर तकलीफ भूल आएं हैं ।
गुजरे रास्तों से मुड़ आएं हैं ।

19. सर्कस

सर्कस सी दुनिया में बड़ी खलबली है।
फैशन की भेड़ चाल सी चली है।

शहरो को विदेशी कपड़ों और चिकनी सड़कों की चमकान मिली है।
गांव को मिट्टी से लिपटी पहचान मिली है ।

मंहगे कपड़े और गाड़ियो से सफलता के लेबल लगाए जातें हैं ।
सादे लिबासो में लिपटे को पिछड़ो की मुहर बताए जाते हैं।

जाहिलो की यहाँ क्या खूब चल रही है ।
ज्ञान की बाते किताबो में कही धूल फांक रही है ।

असभ्यता है दूर से चमक रही।
सभ्यता है सहिष्णुता का शिकार हो चली ।

अज्ञान की बातों को आधार बनाया जाता है ।
ज्ञान के इतिहास को दूर धकेला जाता है ।

अनपढ़ो से संज्ञान लिए जा रहें हैं ।
पाखंडियों से अधर्म का विष पान किए जा रहें हैं।

सभ्यता से सभी बिफरे जा रहें है।
समाज में तमाशाबीन बन के बिखरे जा रहें हैं ।

दो कमरो की चारदीवारी को शानो शौकत बता कर इतराए फिरते हैं ।
गांव की बड़ी कोठी को कालकोठरी ये कहते हैं ।

खेतो की ठंडी हवा , कुंए की मीठी पानी को छोड़ ।
शहरों की जहरीली हवा में सांस भी नहीं ले पाते हैं।

तब पहाड़ो में दो दिन बिता कर ।
उसको जन्नत बताते हैं ।

20. रामराज्य

अगर यह रामराज्य है ।

तो रामराज्य में सौदा कैसा ।
मन की अभिव्यक्ति ना कर पाऊं तो रामराज्य कैसा ।

सुना है नापाक इरादे सिक चुके हैं ।
इमानदार भी अब बीक चुके हैं ।

सुना है जंगल, नदी, नाले सब बेच आए हो ।
क्या इस राज्य में नस्लों का सौदा भी कर आए हो ।

प्रपंची जाल बिछा क्या सोंच रहे हो ।
क्या दीमक सा देश के अंदरूनी हिस्से खरोंच रहे हो।

इतनी दुस्साहस कहां से जुटाई है ।
क्या तुम्हारी शामत आई है ।

आभास नही क्या विद्रोह की ताकत भभक रही है ।
पलट कर देखो आक्रोश अब झलक रही है ।

अहंकारी सर लेकर क्या घूम रहे हो,
इश्वर का भी नही है तुम्हे डर इसी अभिमान मे मगरूर बड़े हो।

लोमड़ सी सत्ता लेकर कहां तक जाओगे ।

गीदड़ों की टोली से जंगल का शेर नहीं बन पाओगे ।

राम जैसा चरित्र और चेतन लाना,
तभी रामराज्य की सत्ता में आना ।

21. दाव

एक लकीर खींची है समय के इस पार और उस पार की ।
कभी समझ ना आए कुछ, तो लांघ जाना बिना किसी दवाब के ।

एक रास्ता,
एक सपना,
एक दांव ।

इस वक्त तुम्हारे सहारे, इस छोर के किनारे खड़े हैं ।
खेलने को जिंदगी के जुए में कई पासे पड़े हैं।

अनगिनत बुलंदियां हिचक के कदम भींचे पड़ी हैं।
कि जिम्मेवारियां बहुत पीछे पड़ी हैं।

चलो एक दाव खेलते हैं ।
चौसर पे सपनो का मोल-भाव पूछते हैं ।

इरादे छील सकते हैं।
मनसूबे फिसल सकते हैं ।

तब तुम सब्र की नांव पकड़ना ।
रास्ते में आई हर मुश्किल को हल करना ।

लहरे प्रलय करेंगी ।
तुम्हारे निश्चय को डुबोने की कोशीश करेंगी।

पर तुम गतिशील रहना ।
अपनी अनभिग्यता को प्रेरित करना ।

फिर से पिछे मुड़ना मन की हार होगी ।
ये हार तुम्हें कभी स्विकार न होगी ।

केवट बन कर वो राह पकड़ना ।
बुलंदियां जीस ओर खड़ी हैं, बस वहीं जा थमना ।

www.ingramcontent.com/pod-product-compliance
Lightning Source LLC
Chambersburg PA
CBHW070651240926
51846CB00003BA/873
* 9 7 8 9 3 7 5 1 0 0 8 0 5 *